JIM ROGERS

冒険投資家
ジム・ロジャーズ

世界的な大富豪が人生で大切にしてきたこと60

プレジデント社

「大局を見る力がつけば
自分がどこにいるかわかる。」

「効率的に動けるのは、本当に忙しいとき。」

「世間の常識を疑え。」

「子供こそ、最高の投資対象。」

「誰も知らない国へ行こう。
そして冒険しよう。」

世界的な大富豪が
人生で大切にしてきたこと60

私はアメリカ・アラバマ州の
片田舎で生まれました。
実家はあまり裕福ではなく、
お金を儲けることで
「自由になりたい」と夢見ていた。
だから五歳から空き缶拾いなどの
商売を始めて、投資家となったのです。
おかげで望んでいた自由を
得ることができましたし、
世界の動きがわかるようになりました。

CONTENTS

Chapter 2

投資で大成功するための小さなヒント

JIM ROGERS
AXIOM

Chapter 1

大富豪になれる人のシンプルな習慣

Habits of the World's Super Rich

仕事を選ぶとき、私ならサラリーがいくらかということを気にしない。
好きなことを見つけたらお金はついてきます。

JIM ROGERS
AXIOM

01

細部に注意を払え。

投資においては、細部に注意を払えるかどうかが
成功と失敗の分かれ道になります。
投資対象について徹底的に調べることで、
成功に必要な知識を得ることができるのです。

JIM ROGERS
AXIOM

02

正しい決断のためには、
運動して、しっかり寝ること。

毎日、エアロバイクをこいで運動しています。
食事を適切にとり、
睡眠もしっかりとっています。
きちんと寝た後のほうが
正しい決断を下すことができるのですよ。
一年に一度、健康診断も受けていますが、
これは三〇年間、ずっと続けています。

JIM ROGERS
AXIOM

03

大事なことを決めるなら、夜ではなくて朝。

何かしらのアイデアや、
今直面している課題の解決策などが
最もひらめきやすいのは、
朝、エアロバイクに乗っているときです。
朝は、頭が働き、心がクリアになります。
何かを決断するのに最適な時間帯だと思います。

JIM ROGERS
AXIOM

04

二つか三つの仕事は同時に回す。

朝は八時すぎから、エクササイズを始め、
同時にパソコンを立ち上げて
メールやニュースサイトなどをチェックします。
複数のことを同時に処理するのが
得意かどうかはわからないですが、
運動しながらでも二つか三つのことは同時にやっています。
ブラックベリーでメールを送ったり、
パソコンで調べものをしたり、新聞を読んだりするのです。

JIM ROGERS
AXIOM

05

メールはすぐに返信せよ。

相手が誰であっても、メールは、
できるだけ早く返事を出すようにしています。
私の返信が相手にとって、
何かしらの手助けになればいい、と思っているからです。
大切な人からのメールはもちろん、
それほど親しくない人に対しても
すぐに返信することを心がけています。
後々、どこで関わることになるかわかりませんからね。

JIM ROGERS
AXIOM

06

他人のために正しい行いをせよ。

二人の子供たちにも、
コンタクトしてきた人にはすぐに
返事をするようにと教えています。
このように「他人のために正しい行いをする」
というのは父からの教えです。
懸命に働く、というシンプルな教えとともに
私の生き方の土台となっています。

07

「後でやる」とか「怠ける」なんて考えたこともない。

子供の頃、
アラバマの実家では誰もがよく働き、
「後でやる」とか「怠ける」といったことは
聞いたことがありませんでした。
それを今、私が、二人の娘に伝えているのです。

JIM ROGERS
AXIOM

08

効率的に動けるのは本当に忙しいとき。

本当に忙しい人よりも、
実は暇な人のほうがいつも「時間がない」と言っているのです。
要するに、忙しくない人というのは
怠惰で時間管理能力が低いのですね。
私はリタイア直後にこのことを思い知りました。
退職後の数カ月間、時間はたっぷりあったのですが、
何も成し遂げることはできなかった。
仕事で忙しいときのほうが、よほど効率的に動けたのです。
そこで、オートバイでの世界一周旅行に挑むことにしたのです。

JIM ROGERS
AXIOM

09

何でテレビなんか見るのかわからない。

テレビは持っていません。
何でみんなテレビなんか見るのかがわからない。
私にとっては時間の無駄です。
代わりにいつもＢＢＣ（イギリスの公共放送）
ラジオを聴いています。

JIM ROGERS
AXIOM

10

お金を使うときは、賢明な頭で価値を考えてから。

行き当たりばったりでお金を
使うことは財政破綻につながるだけでなく、
人生で何が大切かということを忘れさせてしまいます。
今、投資しようと思っているものが
本当に価値のあるものなのか。
あるいは、その効果が一過性のものなのか。
お金を使う前に、そういったことを
賢明な頭で考えることこそが重要なのです。

JIM ROGERS
AXIOM

11

稼ぎや消費を自慢しない。

私は「いくら稼いでいるのか」「いくら使ったのか」といった類のお金にまつわる四方山話が好きではありませんし、すべきではないと思っています。

私の父や母が、そのような話題を口にしたことは一度もありません。

こういったことは聞き手に感銘を与えるテーマではないと思います。

JIM ROGERS
AXIOM

12

家計管理は一番詳しい人に任せる。

奥さんが自分よりお金の知識があり、
家計についてうまくやれると思うなら、
給料を全部渡して管理してもらうのも
いいのではないでしょうか。
ただ、うちの場合は私のほうが詳しいので
私がすべて管理しています。
家計管理はお金に一番詳しい人がするのが
お金持ちへの近道だと思いますよ。

13

贅沢を愛するパートナーは選ばない。

私の妻は、お金があるからといって
行き当たりばったりで
浪費するような女性ではありません。
毎晩のように豪華なディナーを食べたり
必要以上の華美なファッションを好んだりはしない。
そのような行為は人生における
落とし穴につながることをよく知っています。

JIM ROGERS
AXIOM

14

たいていの問題について正しい答えは自分の中にある。

誰しも自分自身で調べ、考え、
確信できる答えを見つけなければいけないのです。
人は、たいていの問題に関しては、
それを解決する能力を自分の中に持っていて、
正しい行動をとることができるものです。
自分で決断して行動するほうが、
他人の考えに沿って動くよりもうまくいくでしょう。

15

大好きなことを見つければ、お金は自然に入ってくる。

誰でも求職するときに面接を受けますが、
私ならそのとき、「サラリーがいくらか」といった
ことをまったく気にしない。
大切なのは、好きな仕事を見つけることであって、
あなたにふさわしい仕事を手に入れたなら
自然にお金は入ってくると思います。

大公開！ジム・ロジャーズの「財布の中身」

私はいわゆる華美な暮らしにまったく興味がないんです。よく「どんな車に乗っていますか」などと聞かれるのですが、長い間、自家用車は持っておらず、移動にはタクシーを使ってきました。先ごろ妻が「どうしても必要だ」と言うので仕方なく一台買ったのですが、私自身は、娘たちの学校への送り迎えには自転車を使っています。

家も自分が住む一軒以外は、所有したことがありません。今はシンガポールで適当な物件を探しているところなので、とりあえず借りています。ボートも飛行機も所有していません。毎朝、エクササイズをしているんですが、そのときに使う運動用の腕時計も持っていない。宝飾品も要らないし、洋服にもあまり興味がない。新しい服なんて滅多に買うことはありません。古い洋服のほうが好きなんです。そもそもショッピングに行くこと自体が好きではありません。

財布は一五年ほど同じ長財布を使っていました。さすがにボロボロになったので最近替えましたが、もらい物です（編集部注・ブランドはカルティエだったが、指摘するまで本人は気づいていなかった）。財布の中には、常にクレジットカードと各国のキャッシュカードが合わせて二〇枚くらいは入っています。買い物には大体カードを使いますから、現金で買い物をすることはあまりありませんね。

もちろん、家族のためにはお金を使いますよ。でも子供たちにたくさん使うことは控えています。結果的に甘やかしてしまうことになるからです。

JIM ROGERS
AXIOM

Chapter 2

投資で大成功するための小さなヒント

Tips for Investment Success

投資をする前にはあらゆる資料を取り寄せ、メディアの報道に疑問があれば、世界中どこへでも出かけていく。

JIM ROGERS
AXIOM

16

歴史と哲学を学べ。

投資家として成功したいなら、
投資の神様と言われている人々の話を聞くよりも、
歴史や哲学を学んだほうがいい。
そのために欠かせないのが読書です。
歴史書や哲学書から歴史的教訓を学び、
物事に対する洞察力を磨く。
そうすれば大局をつかむことができるし、
将来の変化も予測できる。
歴史は繰り返すのです。

JIM ROGERS
AXIOM

17

まったく新しいことなど
何ひとつ起こらない。

いつの時代も根本的な部分で
世界には何も新しいことなど起こっていません。
過去に成功しなかった政策というものは、
時をおいてもうまくいったためしがないのです。

JIM ROGERS
AXIOM

18

自分自身で経験し、自分の頭で考える。

テレビや雑誌、インターネットで得られる
知識や情報に頼ってはいけません。
賢明な投資家であるためには自分自身で経験し、
自分の頭で考えること。
だから私はテレビを見ません。
若い人はインターネットに依存していますが、
ネット上の情報で
「世の中を理解した」と信じている人の視野は狭い。
投資で成功したいなら、
それを心に留めて、自分の眼力を磨いてください。

JIM ROGERS
AXIOM

19

世間の常識を疑え。

中国には資本主義経済が浸透しています。
人々は勤勉に働き、収入の約三五％を貯蓄や投資に回す。
そんな国が成長しないわけがありません。
それに比べ、アメリカ人の貯蓄率はたったの二％ほどです。
「中国は投資の対象にならない」と言われていた
時代から中国への投資を続けた結果、
私は七〇〇％ものリターンを得ることができました。
まず世間の常識を疑い、自分の眼力を信じる。
それが私の投資哲学です。

JIM ROGERS
AXIOM

20

わからないことを
わからないままにしない。

よくわからないことを、
わからないままにしておいては、
成功からは程遠いでしょう。
よくわからないものなんかに
投資すべきではないと思うし、
調べたり、考えたりするのが
面倒だと思うのであれば、
最初から投資なんかしないほうがいいでしょう。

21

複数の情報を知ることで真実が見えてくる。

可能な限りの資料を取り寄せ、
メディアの報道に疑問があれば、
それを調べるために
世界中のどこへでも出かけていきます。
同じ話についても、
複数の異なる見解を知ることで、
本当の姿が見えてくることがありますから。

JIM ROGERS
AXIOM

22

他人が目もくれない場所にチャンスは転がっている。

一九七〇年代にジョージ・ソロスと立ち上げた
ヘッジファンドが成功したのも、
他の人が目もくれないところに投資したからです。
当時はまだ日本に興味を持つ投資家は
非常に少なかったのですが、
二人とも海外に目を向けていました。
空売りもやっている人はほとんどいませんでしたが、
私たちは積極的に行いました。

JIM ROGERS
AXIOM

23

天井知らずで上がるものなど存在しない。

私はアップル社の株を二〇一二年九月に空売りしました。
多くの人が同社に対して過度の期待をしていましたが、
私は今後、競争が激化するだろうと考えました。
これから、悪くなる、衰退すると思ったら、
私はその企業の株を売ります。
下がっていきそうなときに空売りすると儲かりますからね。

24

変化を起こす触媒を探せ。

今、どのような変化が起きていて、
それがどうやって
お金を生み出すかを考えるのです。
肝心なのは変化を起こす「触媒」を探すこと。
価格が低く抑えられて、
落ち込んでいる業界で
起こりつつある変化の兆しをつかみ、
ポジティブな動きが生じていないか
注意深く分析するのです。

JIM ROGERS
AXIOM

25

次は、どんな人たちが儲けるか見極めよ。

政府が何かに多大な投資をしているときは、
それによって儲かる人たちが存在することを意味します。
たとえば、今、中国では大気汚染が深刻で、
政府は環境の改善に多額のお金を使っています。
だから、必ずこのビジネスで儲ける人が出てくるのです。
どんな人たちがお金を儲けるか見極めることが
できれば、あなた自身も彼らと関わって
利益を享受することができるでしょう。

26

関心ある分野にターゲットを絞れ。

何かに強い興味を持っていると
関連情報については日頃から敏感になります。
新製品が出る場合もすぐに気づくし、
その商品が独自な商品かどうか、
似たような商品があるかどうかも、簡単にわかる。
新しい発明があった場合でも
どれがどのくらいの価値があるかは
自分が得意とする分野でないとわからないでしょう。

JIM ROGERS
AXIOM

27

大局を見る力がつけば自分がどこにいるかわかる。

先読み力を鍛えるには、歴史書や哲学書を多く読み、
どのように世界が動いてきたか、
世の中がどのような仕組みで
動いているかを理解する必要があります。
大局を見る力が身につけば、
自分たちがどの位置にいるかがわかるようになり、
それが正しい判断に役立つのです。

JIM ROGERS
AXIOM

28

株をやるなら
会計学を学ぶべき。

株式投資をするなら、
世界の大きな流れを把握することに加え、
会計学の知識も必要不可欠です。
企業のバランスシートを読み解き、
そこに不正がないかどうかを見極める――
努力は必要ですが、それほど難しいことではありません。
私は独学で会計学を学びましたからね。

JIM ROGERS
AXIOM

29

商品投資は株よりシンプル。

商品投資は株よりもシンプルです。
たとえば天然ガスの供給は、需要に対して多いか少ないか、
それがわかれば儲けることができるのです。
私なら、天然ガス会社五〇〇社を
比較検討するより、天然ガスそのものを買いますね。

30

街を歩いているとき、「何か」を感じ取れるか。

今でも一年に二〇～三〇回は海外に行くのですが、
それぞれの国では人々の暮らしぶりを観察するようにしています。
そこから「何か」を感じ取るのです。
街を歩いているときも、私はそこで
「何が起きているのか」に気を留めます。
行き交う人の洋服に注目し、
今その国でどんな流行があるのだろうか、
といった具合です。ピンとひらめいたら、
その洋服に関わる会社の株式などを調べるのです。

自ら実践、「儲かる株情報」の読み方

日々起きていることについての情報は、フィナンシャル・タイムズとウォール・ストリート・ジャーナルを読んで得ています。チェックしているのは中央銀行と金利の動きです。通貨の動き、商品市場の動きに関するニュースも必ず読んでいます。

企業の年次報告書は多くのことを語ります。私はまず「利益率」を見ます。その企業に競争力があるかどうかがわかるからです。ただし、利益率が低いからその企業の調子がよくないということには必ずしもなりません。過去からの推移を調べたうえで、利益率の変動が激しく、現在の利益率が低い状況にあれば、投資すべきだと判断する。利益率が上がり、株価が上昇する可能性は高いからです。利益率が高くても、借金がたくさんあれば長続きしないと判断し、空売りする。数字に弱いと、そういうときに株を買い続けてしまうことになりかねません。会社がどれくらい借金を抱えているかを調べるために私が確認している数字は、自己資本に対する負債の比率を示す「負債資本比率」です。また、複数社の利益率を比較したとき、同じ程度の利益率なら、投資したお金に対してリターンが高いほうを選びます。私はこれを調べるために「株主資本利益率」もチェックしています。

このように投資においては、企業のお金の流れを把握する作業が欠かせません。企業の財務状況を正しく知るためには数字に強くなければならない。もしあなたが数字に弱ければ、強くなるまで投資をするべきではありません。最終的に投資するかどうかを決めるのは数字なのですから。

同時に、自分が関心を持つ分野の業界誌を丁寧に読むことも重要です。そこには競合製品についての情報が掲載されています。もしあなたがファッションに関心があれば、綿やウールなど、服をつくるのに必要な素材の価格に何が起きているかを知っておくべきです。皮革の価格も把握しておかなければならない。皮革に取って代わる素材についての知識も必要になってきます。

さらに、企業のＣＥＯやその同業者がどういう媒体から情報を得ているかを知ることも重要です。彼らが読んでいる業界誌や情報にも目を通しておけば、次なる動きを読むこともできるようになります。

こんなにも情報収集するのは無理だと嘆く人もいるでしょう。安心してください。現代の投資家には上場投資信託（ＥＴＦ）というものがある。証券取引所に上場し、株価指数などに代表される指標への連動を目指す投資信託で、今では世界中にたくさんの商品が出回っています。たとえば、ある新興市場がバブルだと見たら、新興市場のETFを空売りすればいい。これなら年次報告書のページを繰り、何百という企業の経営を評価する必要はありません。

さて、情報を集めたら投資すべきかどうか結論を出さなければなりません。それから何が導き出せるのか考えてみましょう。考えるときにはきちんと整理して考える癖をつけること。これは新しいもの、これはちょっと違うもの、これは方向転換、といったふうにです。新しいものや違ったものはいずれ大きな結果をもたらす。いろいろな見地から物事を考える習慣をつければ、誰よりも早くよい兆しに気づき、買うべきタイミングも、売るべきタイミングもわかるはず。

大きな武器になるのは思考法です。私はオックスフォード大学で哲学を勉強しましたが、抽象的な思考法を教えられ、ずいぶんと思考力が鍛えられました。思考法には事実から結論を導く「帰納法」と論理から結論を導く「演繹法」の二種類がありますが、投資家にとってはどちらも重要です。私はこの思考法によって「株式が強いときは商品市場が弱く、株式が弱いときは商品市場が強い」理由がわかったのです。過去のマーケットを観察することで、株式市場と商品市場の間で上昇トレンドは入れ替わるとわかった。過去の例で言えば、一五年から二三年程度のサイクルで交代が起きていました。

メーカーを例に考えてみましょう。原料価格が下がれば、メーカーの利益はその分増える。つまり株価も上がる。逆に原料価格が上昇する局面では、利益が減って株価は下げやすいのです。この関係があるから、株式が強い時期は商品市場が弱く、株式が弱い時期は商品市場が強くなるのです。

これまで述べてきたことをあなたが実行したとしましょう。一〇年後、あなたの資産は一〇倍になったので売ることにしました。そのときが危険なのです。多くの人が勘違いしていますが、何もしないことが一番賢明という場合が時としてあるのです。類まれな成功を収めた投資家たちは、実は大半の時間を何もせずに過ごしています。株を買ったら一〇年間は何もしない、ことの成り行きを、世の中の変化をただ見守るのです。

投資は分散すべきだとアドバイスを受けることが多いでしょう。しかしそれでは破産はしないものの、大金も手にすることができません。一九七〇年に一次産品を買って一〇年間保有し、八〇年にそれを売って日本株を買い、九〇年にそれを売ってテクノロジー関連株を買い、二〇〇〇年にそれを売っていたら、あなたは今頃大富豪になっていたでしょう。逆に、七〇年に投資を分散していたなら、ここ三〇年、ちっとも儲からなかったはずです。

JIM ROGERS
AXIOM

Chapter 3

世界の動き、お金の流れを読み解く

How to Understand the World and Money ?

何が起ころうと、過去の歴史や哲学から学び、自分の目で現実を確かめ、
準備しておけば生き延びることはできるはず。

JIM ROGERS
AXIOM

31

人、モノ、芸術、すべてはお金の流れについていく。

今、アングロ・サクソンを中心とした
西洋モデルが行き詰まり、
世界の債権国は、中国、日本、シンガポール、
すべてアジアでしょう。
人、モノ、芸術、すべてはお金の流れについていくものです。
私も家族とともにアメリカからシンガポールに引っ越しました。
娘たちもこのままアジアに定住するでしょう。

JIM ROGERS
AXIOM

32

バブルは必ず崩壊する。

リーマンショック前の住宅ブームは明らかに異常でした。
アメリカで過去にあんな事態が起きたためしはなかった。
頭金もなく、仕事にも就いていない人が、
何軒も家を買えたんですから！
バブルは必ず崩壊する。
過去の歴史を振り返れば容易にわかることです。

33

内向きになった国に明るい未来はない。

かつてアジアで
最も豊かな国であったはずのビルマ（現ミャンマー）や、
元英国領で一番発展していたガーナも、
内向きの政策をとったとたんに没落していきました。
豊かな国も鎖国的な政策をとれば
必ず衰退すると歴史は証明しているのです。

JIM ROGERS
AXIOM

34

子供が増えない国は、ただ、衰退するだけ。

過去五〇年間、日本人は勤勉に働いて、繁栄を築き、
世界第二位の経済大国の地位に上り詰めた。が、
今後五〇年間、同じような成功を享受できるとは思えません。
特に少子化は大問題です。
有効な手も打たず、移民も受け入れなければ、
人口が減って国民の生活水準は下がる。
そして負債だけが膨らんで、
若者がそれを払い続けなくてはいけないのです。

JIM ROGERS
AXIOM

35

勇敢で賢い、移民たちを受け入れよ。

日本は移民をずっと拒絶していますが、
移民というのは歴史を振り返ってみても、
勇敢で野心を持った賢い人々です。
彼らは子供も積極的につくりますから、
少子化の解消にも貢献してくれるでしょう。

36

二一世紀の超大国は中国である。

アメリカに代わり、二一世紀に躍り出るのは
中国です。現在、アメリカが世界最大の債務国であるのに対し、
中国は最大の債権国になりました。
金融危機以降、アメリカの政治家は、
ウォール街の友人を救うために資金を切り崩したのに対し、
中国は農業やインフラ投資という未来への投資を行おうとした。
私はこれを評価しています。

37

ひたすらお金を刷っても何も解決しない。

大昔から、経済的に行き詰まると
政治家たちはお金を刷るという手段に走ってきました。
けれど歴史を紐解くと、この手の政策が長期的に、
いや短期的にさえよい結果をもたらしたことはありません。
自国通貨の価値を下げるということは、
結局不健全なインフレを引き起こし、
自国民を苦しめることになるのです。

JIM ROGERS
AXIOM

38

安易な増税は狂気の沙汰。

増税には大反対です。
私が日本の政治家だったら、
お金を刷るのをやめて債務を減らす努力をし、
減税して大幅に支出を減らし、 関税も減らす。
そして移民を受け入れる。
まあこのようなことを言っていたら
日本の選挙で絶対に当選はしないでしょうけどね。

JIM ROGERS
AXIOM

39

革命は、思想ではなくインフレから起こる。

私はリーマンショック後、
遠からず世界で通貨危機が起こると予言しました。
実際中東ではすでに起こっています。
彼の地で次々に「アラブの春」と呼ばれる
革命が起こった真の理由は、
人々が政府の思想に反対したからではなく、
自国通貨が弱くなってインフレが起こり、
日用品が高騰して生活が苦しくなったからなのです。

JIM ROGERS
AXIOM

40

食糧を生産できれば、あなたの将来は安泰である。

これからは農業の担い手が不足するので、
食糧を生産できる人の将来は安泰です。
かなりのお金儲けが期待できます。
ライバルが少ないうちに始めれば、
一五年後に農家として大成功したあなたのもとに
「ここで働かせてください」と言ってくる人が現れますよ。

JIM ROGERS
AXIOM

41

一三億の中国人が旅する市場に勝機あり。

中国人は過去三〇〇年ものあいだ、
海外旅行をすることが難しかった。
その一三億の人たちが海外に出るようになるのです。
八〇年頃、突然ニューヨークの街に日本人観光客が
どっと押し寄せたことを思い出しますね。
同じことが日本の一〇倍以上の数の中国人に起こりつつある。
彼らの姿を世界中で見かけることになるでしょう。
金持ちになりたければ中国語の
ツアーガイドになるのもいいと思いますよ。

JIM ROGERS
AXIOM

42

水にまつわる問題は、戦争よりも深刻。

中国に関して、長期的な懸念は水不足です。
飲料水だけでなく、工業用水、
農業用水などすべてが問題になってくる。
これは戦争より深刻です。
人間は水がなければ生きていけませんから。
中国やインドの政府はそこがネックだと気づいているので、
対策は進めています。もし水問題がうまく解決できなければ、
中国の成長の物語は終わってしまう。水ビジネスは、
これから二〇年ほどの注目分野になるということです。

43

アメリカはすべての弾丸を撃ち尽くしている。

国債の債務不履行ということになれば、
アメリカは未曽有のインフレに見舞われるでしょう。
政府はもはや国の借金を膨張させることも、
紙幣の増刷もできなくなる。
そのときに直面する問題は、二〇〇八年の
金融危機よりさらに深刻であり、
過去最悪なものになると思います。
アメリカはすでに、
すべての弾丸を撃ち尽くしているのです。

JIM ROGERS
AXIOM

44

北米に投資するなら、アメリカよりカナダ。

北米に投資したいなら、
私はアメリカよりカナダを薦めます。
アメリカのような巨額の債務を抱えておらず、
資源も豊富な国です。
たくさんのアジア人が移民しているバンクーバーは
将来的に現在のニューヨークのような
場所になるのではと想像できます。
私たちも移住を考えたことがあるんですよ。

JIM ROGERS
AXIOM

45

大惨事の後にこそ、新たなチャンスが芽吹く。

たとえ、第二次世界大戦よりひどい状況になったとしても、
過去の歴史や哲学から学び、自分の目で現実を確かめ、
準備しておけば生き延びることはできるはず。
世界大恐慌の後の一九三〇年にも、
多くの人は新たなビジネスを立ち上げましたし、
日本も例外ではありませんでした。
もちろん戦争のせいで一度駄目になりましたが、
戦後、見事に立ち直ったのですから。

お金に困らない子供を育てる「貯金箱」

子供たち（二〇〇三年に長女、〇八年に次女が誕生）には生まれたときから中国人のベビーシッターをつけ、美しい北京語を話せるように教育しました。〇七年にアメリカからの移住先としてシンガポールを選んだのも、中国語と英語が公用語として使われており、かつ教育や医療水準が非常に高い国だったからです。

子供たちにはいつもお金を得るために働きなさい、そしてお金を貯めなさい、と教えています。生まれてすぐにブタの貯金箱を与えて、ベッドメーキングなどの仕事をするたびにアメリカや中国などの通貨を渡して、そこに入れるように教育しています。特にお小遣いなどは与えていません。

すでに銀行口座も持たせています。貯金箱がいっぱいになったとき、一緒に銀行に行き、彼女たちの口座に入金します。利子を得たときは、口座の明細書を示しながらお金について教えています。

私は子供たちに仕事を持ってもらいたい。労働はとても大事なのです。若い人たち（ティーンエイジャー）には何かしらの仕事に就き、労働について学んでもらいたいのです。それが、「難しい」とされるお金を知るひとつの重要なステップになると思います。

遺産についてどうするかは、まだ正直なところよくわかりません。いくらかは家族に残すつもりですが、あまり多くを残すのはよくないと思っています。少なくとも四〇歳になるまで、二人の子供たちには遺産を手にすることができないようにするつもりでいます。彼女たち自身の足で人生を歩んでもらいたいからです。

JIM ROGERS
AXIOM

Chapter 4

自由な人生の扉を開ける鍵

Keys to Open the Door of Real Freedom in Your Life

アジアの時代に向け、中国語の語学力とアジアでの経験が、娘たちに
与えてやれる最上のスキルではないでしょうか。

JIM ROGERS
AXIOM

46

自分の目で世界を見る。

私は二度世界一周の旅をして、
冒険投資家と呼ばれていますが、
今、その経験が大いに役に立っている。
「次は中国の時代が来る」と確信したのも、
一九八八年にバイクで中国を横断し、
そこに潜む可能性を肌で感じたからです。

JIM ROGERS
AXIOM

47

子供こそ最高の投資対象。

私も若い頃、子供は
お金と時間の無駄だと考えていましたが、
それが完全に間違いだったとわかりました。
二人の娘は本当に可愛く、
二四時間一緒にいたいと思います。
今、私の最大の投資対象は子供たちなのです。

JIM ROGERS
AXIOM

48

アジアに暮らし、中国語を学べ。

やがてアジアの時代が来ることを考えると、
中国語の語学力とアジアでの経験が、
親として娘たちに与えてやれる
最上のスキルではないでしょうか。
もし私が間違っていたとしても、
中国語は世界中で約一五億人が使っている言語ですから、
学んでおいて損はない。

49

MBAを取りに行くなら、農業学を専攻すべき。

娘たちにＭＢＡ（経営学修士）を
取らせようとは思いません。
これからお金持ちになるためには、
農業学、鉱山学といった
学問がより大切になってくるでしょう。
不動産を買うなら、
農園のほうがいいと思います。

JIM ROGERS
AXIOM

50

教育こそが人生を変える。

私の死後、残った資産は教育のために
使いたいと思っています。
アラバマ州の公立高校を首席で卒業し、
奨学金を受けて名門イェール大学に
進学することができました。
今の自分があるのも、まさに教育のおかげなのです。
シンガポールへの移住も、
子供たちへの中国語の教育など、
将来を見据えたうえでの決断でした。

JIM ROGERS
AXIOM

51

情熱の炎さえ消さなければ、いつか突破口が見つかる。

お金持ちになるために最も大切な資質は情熱です。
それがあれば、いくつであろうと
必ず突破口は見つかります。
あまり成果が上がらない状態が続くこともあるでしょう。
でも、情熱を失わずにやり続ければ、
いつかは、多くの利益を得ることができると思います。

52

好きなことを探して、それを極めよ。

まずは、あなた自身が
情熱を傾けられる仕事を見つけてください。
私は投資が好きだったので、
この世界で成功を収めましたが、
だからといって娘たちに
同じ道に進んでほしいとは思いません。
まずは自分が何を好きか見極めることです。

JIM ROGERS
AXIOM

53

私はとにかく前進し続けた。
それだけは確かなこと。

私は決して前に進むことをやめなかった。
これだけは確かなことです。
私は、三七歳でリタイアする前は、
朝から晩までひたすら働いていました。
移動のタクシーの中で資料を広げたりしていたものです。
一日一五時間働き、一分たりとも
時間を無駄にできないくらい忙しかったのです。

JIM ROGERS
AXIOM

54

利益とは何もお金だけではない。

利益とは、何もお金だけではありません。
自分が真に楽しめることに
打ち込むのだから、
たとえ金持ちになれなくても幸せになれる。
これは結局、お金には代えられない喜びなのです。

JIM ROGERS
AXIOM

55

「知識を得た」と思える瞬間まで学び続ける。

投資をやっていると歩みを止めることはできません。
常にもっと多くのことを
学ぼうとし続けなければならないのです。
この姿勢は私がイェールに入学したときからです。
決して優秀な学生ではなかったから、
できる限りの知識を得たと思える瞬間まで
勉強の手を緩めないと決めたのです。

JIM ROGERS
AXIOM

56

大失敗というものは、
傲慢から生まれる。

私も何度も失敗しましたよ。
六つの銘柄の株式に投資し、数カ月で二倍になったものの、
最終的には六社すべてが倒産したこともあった。
そのとき学んだ教訓は、投資には
念入りなリサーチが必要だということ。
自分では調べたつもりでしたが十分ではなかった。
当時の私は自信過剰で傲慢だったのです。

57

億万長者がいなくなれば、誰も仕事を持てなくなる。

全米の億万長者二〇人のリストを見れば、
マイクロソフトやデル、ウォルマートといった
有名企業の重役が名を連ねていることがわかるはずです。
そして、彼らは実に多くの人々に、
仕事を与えていることもわかります。
つまり、もし、お金を稼いでいる人が
いなかったとしたら、
誰も仕事を持つことができないのです。

JIM ROGERS
AXIOM

58

「人生は一度きり」だから地球を一周することにした。

私は若いとき「三五歳でリタイアする」と
周囲に言っていました。
実際にリタイアできたのは三七歳ですので、
計画通りにはいかなかったことになりますが、
おかげで世界についてじっくり知ることができました。
リタイアの決心は「人生は一度きり」との思いがあったからです。
オートバイによる世界周遊こそが、
私がやりたかったことで、地球を自分の足でめぐり
世界を理解したいと思ったのです。

59

お金で買えるものは自由。

結局、私はお金で「自由」を買いたかったのです。
会社勤めをしていたら、
なかなか思うように自分のやりたいことを実現できない。
私の目標は人生でやりたいことができる
「自由」を手に入れることであり、
そのためにお金を稼いだのです。
ですから、今でもそれ以外のことには
ほとんどお金を使いません。

JIM ROGERS
AXIOM

60

誰も知らない国へ行こう。
そして冒険しよう。

内向きと言われている日本の若者も、
外へ出て、誰も知り合いがいなくて
言葉も通じない国へ行ってみるべきです。
冒険しないと、つまらない人生になってしまいますよ。

PREFECT

あとがきに代えて

ジムと愛娘たちのシンガポール生活

二〇一三年五月末、ジム・ロジャーズ氏の邸宅を訪れた。ジョージ・ソロス氏と一緒に立ち上げたファンドから三七歳でリタイア、バイクと車で世界を二度一周したロジャーズ氏が、米国を離れて居住することを選んだ場所はシンガポールである。二年ほど居住している家は賃貸で、今、購入物件を探している最中だという。

中庭のプールを望む広々とした部屋から見渡すと、ロジャーズ氏はプールサイドでエクササイズに励んでいるところだった。ほどなく彼は額の汗を拭き拭き、出迎えてくれた。

「よく来てくれたね。今日のインタビューはエクササイズを続けながらにしたいと思うんだけど……」

七〇歳になっても朝のエクササイズを欠かさないロジャーズ氏は、日本でインタビューを受ける際もホテルのジムを希望することが多い。まさに「時は金なり」。複数のことを同時にこなすのが彼の好むやり方なのだ。

朝は六時起床。朝食後、娘二人を自転車に乗せて、八〇〇《メートル》ほど離れた学校にそれぞれ送っていく。八時頃～一〇時頃まで、エクササイズをしながらラジオを聴き、パソコンを開いてニュースやメールをチェック。ヘッドフォンをつけて電話インタビューを受けながら運動することもあるという。

アベノミクスなど、日本と世界の投資環境における最新状況についてたっぷり語ってもらった後、ロジャーズ氏はバイクから降りてシャワーを浴びに行く。着替えが済んだところで、「下の子を自転車で迎えに行くよ」。

ほどなく次女のベイビー・ビーちゃんが幼稚園から戻ってきた。シンガポール生まれだ。その後、ランチタイムを挟んで、長女のハッピーちゃんも小学校から戻ってきた。

子供部屋には英語と中国語で「窓」「ドア」と書いた紙が貼ってある。長女がニューヨークで生まれたときから、中国人のベビーシッターを雇い、中国語だけで話しかけてもらうようにしてバイリンガルに育ててあげた。当時ニューヨークではその教育方針が有名になり、多くのアメリカ人がそれに倣ったため、中国系ベビーシッターの時給が上がったという話も聞いたことがある。今も中国人家庭教師とシッターをつけ、二人に二カ国語で生活させている。

午後、二人の勉強の時間。「小蜜蜂――」と自分の愛称を中国語で書くビーちゃんに、家庭教師の先生は「難しい字がちゃんと書けたわね」と中国語で褒める。「私は全然、読めないんだけどね」と、傍らで見ていたロジャーズ氏は苦笑いしていた。

この日は夕方から自宅で会議があった。それなりに仕事は続けているが、今のロジャーズ氏はなるべく家族との時間をとりたいと思っている。朝から晩まで投資漬けだったという三十代の頃なら考えられなかった生活だ。

彼は別れ際、娘たちにこう言った。

「さあ、彼女に日本語で『ありがとう』ってお礼を言ってごらん」

今、ロジャーズ氏にとっての一番の投資対象は二人の娘たちだという。多くのお金を残すのではなく、自力で人生を切り開いていける女性に育てることができたなら、自分はすべてを失っても構わないのだと。

（プレジデント編集部　木下明子）

ジム・ロジャーズ
Jim Rogers

1942年米国アラバマ州生まれ。イェール大学卒業後、
オックスフォード大学ベリオル・カレッジ修了。
米陸軍に従事した後、ウォール街で働く。
ジョージ・ソロスと国際投資会社クォンタム・ファンドを共同で設立。
10年間で4000%を超える驚異のリターンを実現。
37歳で引退し、世界を旅して回るかたわら、コロンビア大学で教鞭を執る。
1998年8月に商品先物市場の指数である
「ロジャーズ国際コモディティ指数」を創設。
『中国の時代』『人生と投資で成功するために 娘に贈る13の言葉』
『冒険投資家ジム・ロジャーズのストリート・スマート』など著書多数。
現在、シンガポール在住。

世界的な大富豪が人生で大切にしてきたこと60

2015年8月18日　第1刷発行
2020年7月26日　第3刷発行

著者　ジム・ロジャーズ
発行者　長坂嘉昭
発行所　株式会社プレジデント社
〒102-8641 東京都千代田区平河町2-16-1
平河町森タワー13階
編集 (03) 3237-3737　販売 (03) 3237-3731
https://www.president.co.jp/
撮影　アーウィン、宇佐美雅浩、澁谷高晴
構成協力　大野和基、梶山寿子、金澤匠、原賀真紀子
編集　木下明子
制作　関 結香
装丁・本文デザイン　草薙伸行 ● Planet Plan Design Works
本文DTP　蛭田典子 ● Planet Plan Design Works
印刷・製本　図書印刷株式会社

ISBN978-4-8334-5074-4
Printed in Japan

本書は、『プレジデント』2008年11月3日号〜15年3月30日号に
不定期に掲載されたインタビュー記事を元に再編集したもので、
事実関係などは掲載当時のものである。